Die besten Kürbisgerichte

area

Die besten Kürbisgerichte

Autor: Klaus Teuber für NOVA Libra medien, Köln
Einbandgestaltung: Derek Gotzen für NOVA Libra medien, Köln
Layout & Satz: Derek Gotzen und Ulrike Jasser für NOVA Libra medien, Köln

Druck und Bindung: Reálszisztéma, Dabas

Printed in Hungary 2006

ISBN-13 978-3-89996-898-9
ISBN-10 3-89996-898-0

www.area-verlag.de

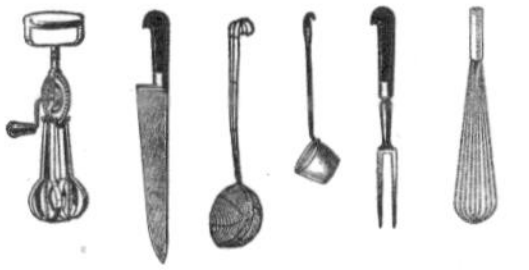

Inhalt

Einleitung

Kürbisse wachsen nicht nur in den gemäßigten Breiten, sondern auch in den Tropen, wo sie bereits seit Tausenden von Jahren einen wesentlichen Bestandteil der täglichen Ernährung ausmachen. Und unter kulinarischen Gesichtspunkten ist der Kürbis in der Küche auch auf vielfältigste Weise verwendbar: als Gemüse, püriert als herzhafte Suppe oder als Kompott – dem Erfindungsreichtum sind hier keine Grenzen gesetzt. Die Kürbiskerne enthalten zudem viel Kalium, Zink, Selen und sind reich an Vitamin E. Als echte Spezialität gilt das Kürbiskernöl. Das durch den hohen Anteil von Chlorophyll grüne Kernöl wird aus Riesen- und Speisekürbissamen gewonnen. Neben den einheimischen Sorten werden inzwischen auch exotische Kürbisarten wie Butternusskürbis, Flaschenkürbisse (Kalebassen), Muskatkürbis oder der orangerote Hokkaido-Kürbis angeboten. Überhaupt scheint das Interesse an der vielseitig zu verarbeitenden Frucht in den letzten Jahren wieder gewachsen zu sein.
In Amerika ist er fester Bestandteil eines jeden »Thanksgiving dinner« und dient zu Halloween, ausgehöhlt und mit eingeschnitzter Fratze, als furchteinflößende Dekoration.
Haben Sie viel Freude beim Nachkochen, und genießen Sie die hier zusammengestellten Kürbisrezepte.

Suppen & Eintöpfe

Kürbissuppe im Kürbis serviert

Für 6 Personen
Zubereitungszeit: 20 Minuten
Backzeit: 2 ½ Stunden

Einkaufsliste/Zutaten

1 Kürbis (etwa 3 kg)
300 g geröstete Weißbrotwürfel
150 g geriebener Käse
Salz
Weißer Pfeffer aus der Mühle
1 l frische Sahne

Garnierung

2 El gehackte Petersilie

Vorküche

Den Kürbis unter fließendem Wasser gründlich abwaschen und mit einem Küchentuch abtrocknen. Den oberen Teil des Kürbisses mit einem scharfen Messer abschneiden, so dass eine Art Deckel entsteht. Den Deckel beiseite legen. Den Kürbis sorgfältig aushöhlen, alle Kerne, Fasern und das Fruchtfleisch bis auf einen 1 cm starken Rand entfernen.

Zubereitung

In den ausgehöhlten Kürbis abwechselnd eine Lage Weißbrotwürfel und geriebenen Käse einfüllen. Alles kräftig salzen und pfeffern und mit der Sahne bis zum Rand voll gießen. Den Kürbis mit dem Deckel verschließen, in den auf 180 °C vorgeheizten Backofen geben und 2 ½ Stunden garen. Den Kürbis aus dem Ofen nehmen und auf eine Platte stellen. Den Deckel abheben und mit einem Löffel das verbliebene Kürbisfleisch ablösen. Mit dem Suppenlöffel alle Zutaten gut miteinander vermischen und gegebenenfalls noch einmal nachwürzen.

Servieren

Den Kürbis im Ganzen zu Tisch bringen. Die Suppe aus dem Kürbis mit einer Suppenkelle in vorgewärmte Suppenteller geben und mit etwas gehackter Petersilie garnieren.

Merkzettel

Kürbis ist ein Gurkengewächs und mit Zucchini und Melone verwandt.

Kürbiseintopf

Für 4 Personen
Zubereitungszeit: 30 Minuten
Koch- & Bratzeit: 40 Minuten

Einkaufsliste/Zutaten

750 g Schweinefilet
750 g Kürbis
750 g Kartoffeln
2 Tomaten
300 g Porree
50 g Butter
1 l Gemüsebrühe
Salz
Weißer Pfeffer aus der Mühle
1 El Paprika edelsüß
1 Tl Kümmel
1 Prise Zucker

Garnierung

2 El gehackte Petersilie

Vorküche

Das Fleisch unter fließendem, kaltem Wasser gründlich abspülen, von allen Häuten und Sehnen befreien und in mundgerechte Stücke schneiden. Kürbis und Kartoffeln schälen und ebenfalls in Würfel schneiden. Die Tomaten kreuzweise einschneiden, mit heißem Wasser überbrühen, häuten und klein schneiden. Den Porree waschen und in feine Ringe schneiden.

Zubereitung

Die Butter in einem Topf erhitzen und das Fleisch darin anbraten. Das Gemüse zugeben, kurz andünsten und die Gemüsebrühe angießen. Mit Salz, Pfeffer, Paprika, Kümmel und Zucker kräftig abschmecken und mit geschlossenem Deckel 30 Minuten bei mäßiger Hitze köcheln lassen.

Servieren

Die Suppe in eine vorgewärmte Suppenterrine geben, mit der gehackten Petersilie garnieren und noch heiß zu Tisch bringen. Dazu schmeckt eine Scheibe herzhaftes Bauernbrot und ein Glas frischer Weißwein.

Merkzettel

Im Handel werden zwei Sorten von Petersilie angeboten, die krause und die glatte. Die glatte Petersilie ist zu bevorzugen, da sie ein herzhafteres Aroma hat.

Bunte Kürbissuppe

Für 4 Personen
Zubereitungszeit: 30 Minuten
Koch- & Bratzeit: 30 Minuten

Einkaufsliste/Zutaten

1 Kürbis (etwa 1,5 kg)
1 rote Paprikaschote
200 g Champignons
2 Möhren
3 Schalotten
1 El Olivenöl
300 g Rindergehacktes
100 g Reis
1 l Fleischbrühe
Salz
Weißer Pfeffer aus der Mühle

Garnierung

1 El Schnittlauchröllchen

Vorküche

Mit einem scharfen Messer von dem Kürbis einen Deckel abschneiden, Kerne und Fasern entfernen, das Kürbisfleisch vorsichtig herauslösen und einen etwa 1 cm starken Rand stehen lassen. Das Kürbisfleisch in Würfel schneiden.

Zubereitung

Paprikaschote, Champignons und Möhren putzen und fein würfeln. Die Schalotten schälen und in feine Ringe schneiden. Das Olivenöl erhitzen, die Schalotten darin anschwitzen, das Rinderhackfleisch zugeben und krümelig anbraten. Kürbiswürfel, Champignons, Möhren und Reis zugeben, die Fleischbrühe angießen und alles mit geschlossenem Deckel etwa 20 Minuten garen. Kurz vor Ende der Garzeit die Paprikawürfel zugeben und die Suppe mit Salz und Pfeffer würzen.

Servieren

Die Suppe in den ausgehöhlten Kürbis füllen, mit Schnittlauchröllchen garnieren und sofort zu Tisch bringen. Als Beilage schmecken eine Scheibe herzhaftes Bauernbrot und ein Glas frisches Bier.

Merkzettel

Schnittlauch darf nie gebraten oder gekocht werden, da er sonst sein ganzes Aroma verliert.

Kürbissuppe mit Schinken

Für 4 Personen
Zubereitungszeit: 20 Minuten
Kochzeit: 20 Minuten

Einkaufsliste/Zutaten

300 g Kürbis
30 g Butter
Salz
Weißer Pfeffer aus der Mühle
Muskatnuss
1 l Fleischbrühe
2 Scheiben gekochter Schinken

Garnierung

2 El gehackte Schnittlauchröllchen

Vorküche

Den Kürbis schälen, aufschneiden, die Kerne entfernen und das Kürbisfleisch in kleine Stücke schneiden.

Zubereitung

Die Butter in einen Topf geben und erhitzen. Die Kürbiswürfel hineingeben, alles kurz durchschwenken, salzen, pfeffern und mit einer Prise Muskat würzen. Die Fleischbrühe angießen und alles etwa 20 Minuten köcheln lassen. Nach Ende der Garzeit die Suppe durch ein Sieb streichen. Den Schinken in feine Scheiben schneiden, in die Suppe geben und kurz erwärmen.

Servieren

Die Suppe in vorgewärmte Suppentassen geben, mit den Schnittlauchröllchen garnieren und sofort zu Tisch bringen.

Merkzettel

Wer mag, kann die Suppe noch mit einem Schuss Kürbiskernöl verfeinern, was zusätzlich sehr dekorativ wirkt, wenn man das Öl in die jeweilige Portion einfließen lässt.

Spanische Kürbissuppe

Für 4 Personen
Zubereitungszeit: 20 Minuten
Kochzeit: 40 Minuten

Einkaufsliste/Zutaten

750 g Kürbis
2 Schalotten
50 g Butter
150 g Kartoffeln
2 Tomaten
1 El Tomatenmark
Kurkuma
1 Tl gekörnte Gemüsebrühe
Weißer Pfeffer aus der Mühle
1 Lorbeerblatt
200 ml süße Sahne

Garnierung

3 El geschlagene Sahne

Vorküche

Die äußere, harte Schale vom Kürbis sowie die Kerne und Fasern sorgfältig entfernen und das Kürbisfleisch in kleine Würfel schneiden. Die Schalotten schälen und möglichst klein schneiden. Die Butter in einem Topf zerlassen und die Schalotten darin glasig anschwitzen.

Zubereitung

Die Kürbisstücke zugeben, kurz anschwitzen und 1 ½ l Wasser zugeben. Die Kartoffeln waschen, schälen, in feine Würfel schneiden und zu dem Kürbis geben. Die Tomaten kreuzweise einschneiden, mit heißem Wasser übergießen, häuten, die Kerne entfernen, das Tomatenfleisch in Stücke schneiden und mit dem Tomatenmark in die Suppe geben. Mit Kurkuma, der gekörnten Brühe und Pfeffer kräftig würzen und das Lorbeerblatt zugeben. Die Suppe mit geschlossenem Deckel etwa 30 Minuten köcheln lassen. Nach Ende der Garzeit das Lorbeerblatt entfernen, die Suppe mit einem Küchenstab pürieren und noch einmal kurz aufkochen lassen. Die süße Sahne zugeben, die Suppe kurz aufkochen lassen, abschmecken und gegebenenfalls nachwürzen.

Servieren

Die Suppe in vorgewärmte Suppenteller verteilen und mit einem Klecks Schlagsahne garnieren. Sofort zu Tisch bringen.

Merkzettel

Kurkuma wird in Spanien auch gerne als Safranersatz verwendet, da das Gewürz die Speisen stark gelb färbt.

Kürbissuppe mit Weißwein

Für 4–6 Personen
Zubereitungszeit: 20 Minuten
Kochzeit: 30 Minuten

Einkaufsliste/Zutaten

750 g Kürbis
1 Stange Porree
50 g Butter
1 l Gemüsebrühe
125 ml Schlagsahne
Salz
Weißer Pfeffer aus der Mühle
125 ml Weißwein

Garnierung

Kürbiswürfel

Vorküche

Den Kürbis schälen, aufschneiden, die Kerne entfernen und das Fruchtfleisch in kleine Würfel schneiden. Den Porree putzen, waschen und in feine Ringe schneiden, ein Teil von dem dunkleren Grün in feine Streifen schneiden und zum Bestreuen beiseite stellen.

Zubereitung

Die Butter in einem Topf erhitzen und den Porree darin anschwitzen, die Kürbiswürfel dazugeben und unter Rühren glasig werden lassen. Die Gemüsebrühe zugießen und alles bei mäßiger Hitze und geschlossenem Deckel 20 Minuten köcheln lassen. Kurz vor Ende der Garzeit mit einem Schaumlöffel einen Löffel Kürbiswürfel aus dem Topf nehmen und beiseite stellen. Den Rest mit einem Mixstab pürieren, die Sahne einarbeiten, mit Salz und Pfeffer würzen und den Wein angießen. Die restlichen Porreestreifen in die Suppe streuen und kurz aufkochen lassen.

Servieren

Die Suppe in vorgewärmte Suppenteller geben, mit den beiseite gestellten Kürbiswürfeln garnieren und sofort zu Tisch bringen.

Merkzettel

Frischer, in feine Scheiben geschnittener Porree lässt sich hervorragend als Salatgewürz verwenden.

Hühnersuppe mit Kürbis

Für 4–6 Personen
Zubereitungszeit: 40 Minuten (ohne Wartezeit)
Kochzeit: 1 ¾ Stunden

Einkaufsliste/Zutaten

1 Suppenhuhn
1 Zwiebel
1 Stange Porree
1 Petersilienwurzel
1 Möhre
¼ Sellerieknolle
4 Tomaten
6 Wacholderbeeren
6 Pimentkörner
1 Tl Pfefferkörner
1 Tl Salz
2 Lorbeerblätter
3 Gewürznelken
2 Schalotten
2 Knoblauchzehen
500 g Kürbisfleisch
2 El Paprikapulver

Garnierung

2 El gehackte Petersilie

Vorküche

Das Huhn unter fließendem Wasser gründlich abspülen, trockentupfen und in einen ausreichend großen Topf setzen. Die Zwiebel halbieren und ungeschält auf den Schnittflächen in einer Pfanne dunkel anrösten. Die Porreestange der Länge nach aufschlitzen, unter fließendem Wasser gründlich auswaschen und in grobe Stücke schneiden. Petersilienwurzel, Möhre und Sellerieknolle putzen und in grobe Stücke schneiden. 1 Tomate halbieren und mit dem Gemüse und der angerösteten Zwiebel zu dem Huhn geben. Die Gewürze zufügen und so viel Wasser angießen, bis alles gut bedeckt ist. Die Suppe ohne Deckel zum Kochen bringen und bei kleiner Hitze leise ziehen lassen. Nach etwa 1 Stunde ist das Huhn gar. Das Huhn aus der Brühe heben und beiseite stellen. Die Brühe durch ein Sieb passieren, in einer Schüssel auffangen und über Nacht im Kühlschrank erkalten lassen, damit das Fett fest wird.

Zubereitung

Die Schalotten und die Knoblauchzehen schälen, fein hacken. In einen Topf 2 El des fest gewordenen Brühenfetts geben und Schalotten und Knoblauch darin andünsten. Den Kürbis schälen, auf einer Küchenreibe raspeln und mit in den Topf geben. Etwa 5 Minuten dünsten und dann mit dem Paprikapulver bestreuen. Das Fett von der Suppe abheben und nach und nach 500 ml Brühe angießen und mit geschlossenem Deckel etwa 30 Minuten köcheln lassen. In der Zwischenzeit die Haut vom Huhn entfernen und entsorgen. Das Fleisch ablösen und in Würfel schneiden. Die restlichen Tomaten kreuzweise einschneiden, mit heißem Wasser überbrühen, die Haut abziehen, entkernen und in Stücke schneiden. Fleischwürfel und Tomaten zum Ende der Garzeit in die Suppe geben, alle Zutaten gut miteinander mischen und kurz aufwallen lassen.

Servieren

Die Suppe in eine vorgewärmte Suppenterrine geben und mit der gehackten Petersilie bestreut servieren.

Merkzettel

Achten Sie beim Geflügeleinkauf auf Qualität und kaufen Sie ein Huhn aus Freilandhaltung.

Asiatische Kürbissuppe

Für 4 Personen
Zubereitungszeit: 30 Minuten
Kochzeit: 20 Minuten

Einkaufsliste/Zutaten

400 g Kürbisfleisch
100 g Porree
80 g Möhren
50 g Staudensellerie
2 Knoblauchzehen
1 rote Chilischote
30 g Butter
750 ml Gemüsebrühe
70 ml Sahne
70 ml Kokosmilch
1 El Limettensaft
1 Tl grüne Currypaste
Salz
Weißer Pfeffer aus der Mühle

Garnierung

2 Tl geröstete Kürbiskerne

Vorküche

Den Kürbis schälen, Fasern und Kerne entfernen und das Kürbisfleisch in kleine Würfel schneiden. Porree, Möhren, Staudensellerie putzen und alles klein schneiden. Knoblauchzehen schälen und in feine Scheiben schneiden. Die Chilischote aufschneiden, die Kerne auskratzen und die Schote in dünne Streifen schneiden.

Zubereitung

Die Butter in einem Topf erhitzen und die vorbereiteten Zutaten darin anschwitzen. Die Gemüsebrühe, Sahne, Kokosmilch und den Limettensaft zugeben und alles etwa 20 Minuten bei kleiner Hitze köcheln lassen. Kurz vor Ende der Garzeit die Currypaste zugeben und die Suppe mit Salz und Pfeffer abschmecken. Die Suppe mit einem Mixstab pürieren und durch ein feines Sieb streichen.

Servieren

Die Suppe in vorgewärmte Suppenteller verteilen, mit einigen gerösteten Kürbiskernen garnieren und noch heiß zu Tisch bringen.

Merkzettel

Bei der Verarbeitung von Chilischoten sollten Sie darauf achten, dass Sie sich nicht versehentlich ans Auge oder an die Nase greifen, denn das kann äußerst unangenehm und schmerzhaft sein.

Kürbissuppe mit Kokos

Für 4 Personen
Zubereitungszeit: 15 Minuten
Kochzeit: 25 Minuten

Einkaufsliste/Zutaten

150 g Kürbis (Hokkaido)
2 Schalotten
1 Knoblauchzehe
1 Stückchen frischer Ingwer
4 El Öl
60 g Kokosflocken
600 ml Gemüsebrühe
200 ml Sahne
Salz
Curry
1 Tl Zucker

Garnierung

2 El Crème fraîche
2 El gehackte Petersilie

Vorküche

Den Kürbis waschen, in Stücke schneiden, Kerne und Fasern entfernen und das Fruchtfleisch würfeln. Schalotten, Knoblauchzehe und Ingwer putzen und fein hacken.

Zubereitung

Das Öl in einem Topf erhitzen, die Schalotten-, Knoblauch- und Ingwerstückchen und das Kürbisfleisch zugeben und alles 10 Minuten glasig anschwitzen. Die Kokosflocken und die Brühe zugeben, die Suppe 15 Minuten köcheln lassen und dann mit einem Mixstab pürieren. Die Sahne angießen und mit Salz, Curry und Zucker abschmecken. Die Suppe noch einmal kurz aufkochen lassen.

Servieren

Die Suppe in eine angewärmte Suppenschüssel geben. Einen Klecks Crème fraîche darauf geben und mit der Petersilie garnieren.

Merkzettel

Hokkaido-Kürbis braucht nicht geschält zu werden, da man die Schale mitessen kann.

Kürbissuppe mit Hähnchenbrust

Für 4 Personen
Zubereitungszeit: 20 Minuten
Koch- & Bratzeit: 35 Minuten

Einkaufsliste/Zutaten

1 kg Kürbis
125 ml Fleischbrühe
250 ml Milch
250 ml Sahne
1 Tl Zucker
Salz
Weißer Pfeffer aus der Mühle
Muskatnuss
250 g Hähnchenbrustfilet
2 El Olivenöl

Garnierung

2 El Schnittlauchröllchen

Vorküche

Den Kürbis schälen, Kerne und Fasern entfernen und das Kürbisfleisch in kleine Würfel schneiden. Das Kürbisfleisch in einen Topf geben, Fleischbrühe, Milch, Sahne und Zucker zugeben und 10 Minuten köcheln lassen.

Zubereitung

Die Suppe mit einem Mixstab pürieren, durch ein Sieb streichen und weitere 10 Minuten ziehen lassen. Die Suppe mit Salz, Pfeffer und Muskatnuss abschmecken. Die Hähnchenbrust unter fließendem Wasser kalt abwaschen, trockentupfen, salzen und pfeffern. Das Olivenöl in einer Pfanne erhitzen und die Hähnchenbrust darin von beiden Seiten jeweils 8 Minuten braten. Das Fleisch aus der Pfanne nehmen, klein schneiden und in die Suppe geben. Das Ganze noch einmal kurz aufwallen lassen.

Servieren

Die Suppe in vorgewärmte Suppentassen verteilen und mit den Schnittlauchröllchen garniert noch heiß servieren.

Merkzettel

Verwenden Sie beim Würzen mit Pfeffer immer nur ganze Pfefferkörner aus der Mühle. Bereits gemahlener Pfeffer verliert viel von seinem kräftigen Aroma.

Kürbis als Beilage

Kürbisgemüse

Für 4 Personen
Zubereitungszeit: 20 Minuten (ohne Wartezeit)
Kochzeit: 20 Minuten

Einkaufsliste/Zutaten

1 kg Kürbis (Hokkaido)
Salz
500 g Schinkenspeck
2 Schalotten
2 Knoblauchzehen
1 El Butterschmalz
250 ml Fleischbrühe
1 Tl Paprikapulver edelsüß
Essig
1 El Tomatenmark
Weißer Pfeffer aus der Mühle
100 ml saure Sahne

Garnierung

1 El frische Dillspitzen

Vorküche

Den Kürbis unter fließendem Wasser gründlich abwaschen, in Stücke schneiden, Kerne und Fasern entfernen und auf einer Küchenreibe grob raspeln. Das Kürbisfleisch leicht salzen und 30 Minuten Wasser ziehen lassen. Anschließend in ein sauberes Küchenhandtuch geben und gut ausdrücken.

Zubereitung

Den Schinkenspeck klein schneiden. Schalotten und Knoblauch schälen und fein hacken. Das Butterschmalz in einem Topf erhitzen und den Speck darin anbraten. Schalotten und Knoblauch zugeben und glasig anschwitzen. Nun den Kürbis zugeben, mit der Fleischbrühe ablöschen und 20 Minuten köcheln lassen.
Das Paprikapulver mit einem Spritzer Essig verrühren und mit dem Tomatenmark unterheben. Mit Salz und Pfeffer abschmecken und die saure Sahne unter das fertige Kürbisgemüse heben.

Servieren

Das Kürbisgemüse in eine vorgewärmte Schüssel geben, mit den Dillspitzen garnieren und zu gekochtem Rindfleisch und Salzkartoffeln reichen.

Merkzettel

Übrig gebliebene Dillstiele kann man in eine Flasche geben und mit einem guten Essig auffüllen. Nach etwa 3 Wochen erhält man einen qualitativ guten Dillessig.

Kürbispüree

Für 4 Personen
Zubereitungszeit: 20 Minuten
Kochzeit: 15 Minuten

Einkaufsliste/Zutaten

2 Schalotten
750 g Kürbis (Hokkaido)
50 g Butter
125 ml saure Sahne
Salz
Weißer Pfeffer aus der Mühle
Muskatnuss

Garnierung

1 El gehackte Petersilie

Vorküche

Die Schalotten schälen und in möglichst dünne Ringe schneiden. Den Kürbis waschen, Kerne und Fasern entfernen und das Kürbisfleisch in kleine Würfel schneiden.

Zubereitung

Die Butter in einem Topf erhitzen, die Schalottenringe darin andünsten, die Kürbiswürfel zugeben und mit geschlossenem Deckel etwa 15 Minuten dünsten. Nach Ende der Garzeit die Sahne unterarbeiten und das Gemüse herzhaft mit Salz, Pfeffer und Muskatnuss würzen, mit einem Mixstab pürieren und nochmals kurz aufwallen lassen.

Servieren

Das Kürbispüree in eine vorgewärmte Schüssel füllen, mit der gehackten Petersilie garnieren und sofort servieren.

Merkzettel

Kürbispüree ist die ideale Beilage zu gekochtem Rindfleisch.

Kürbissalat

Für 4 Personen
Zubereitungszeit: 20 Minuten

Einkaufsliste/Zutaten

500 g Kürbis
3 Gewürzgurken
2 Schalotten
4 El Olivenöl
1 El Essig
Paprika edelsüß
Salz
Weißer Pfeffer aus der Mühle
2 Tomaten

Garnierung

2 El gehackte Petersilie

Vorküche

Den Kürbis schälen, Kerne und Fasern entfernen und das Fruchtfleisch mit Hilfe eines Gurkenhobels in möglichst dünne Scheiben schneiden.

Zubereitung

Die Gewürzgurken in feine Würfel schneiden, die Schalotten schälen und möglichst klein schneiden. Alles in eine Schüssel geben, Öl, Essig, Paprika, Salz und Pfeffer zugeben und sorgfältig untereinander mischen. Die Tomaten unter fließendem Wasser abwaschen, abtrocknen, in Scheiben schneiden und auf dem Salat verteilen.

Servieren

Den Salat mit gehackter Petersilie garnieren und sofort zu Tisch bringen. Als Beilage schmeckt ein frisches, knuspriges Baguette.

Merkzettel

Welke Petersilie wird wieder frisch, wenn man sie für kurze Zeit in lauwarmes Wasser legt.

Ungarisches Kürbisgemüse

Für 4 Personen
Zubereitungszeit: 20 Minuten
Kochzeit: 15 Minuten

Einkaufsliste/Zutaten

30 g Butter
100 g gewürfelter durchwachsener Speck
3 Schalotten
1 Knoblauchzehe
1 kg Kürbis
125 ml Gemüsebrühe
2 Tl Essig
1 Prise Zucker
Salz
Weißer Pfeffer aus der Mühle

Garnierung

250 ml saure Sahne
2 Tl Dillblättchen

Vorküche

Die Butter in einem Topf erhitzen und die Speckwürfel darin anbraten. Die Schalotten und die Knoblauchzehe schälen, klein schneiden und in dem Speck glasig anschwitzen.

Zubereitung

Den Kürbis schälen, in kleine Würfel schneiden, mit in den Topf geben und die Gemüsebrühe angießen. Mit Essig und Zucker würzen und mit geschlossenem Deckel 15 Minuten köcheln lassen. Die Kürbisstücke sollen nach Ende der Garzeit noch Biss haben. Das Kürbisgemüse mit Salz und Pfeffer würzen und – falls nötig – noch etwas Essig und Zucker zugeben.

Servieren

Das Kürbisgemüse in eine vorgewärmte Schüssel geben, die saure Sahne unterheben und mit den Dillblättchen garnieren.

Merkzettel

Kürbisgemüse ist eine ideale Beilage zu Wildgerichten, kann aber auch als Hauptmahlzeit gereicht werden.

Kürbis-Kartoffel-Salat

Für 4 Personen
Zubereitungszeit: 30 Minuten
Kochzeit: 20 Minuten

Einkaufsliste/Zutaten

500 g Kürbis
500 g Kartoffeln
Salz
6 Frühlingszwiebeln
2 Stangen Staudensellerie
2 El Mayonnaise
200 ml saure Sahne
1 Tl mittelscharfer Senf
Weißer Pfeffer aus der Mühle

Garnierung

2 El gehackte Petersilie

Vorküche

Den Kürbis schälen, Kerne und Fasern entfernen und das Kürbisfleisch in kleine Würfel schneiden. Die Kartoffeln unter fließendem Wasser gründlich abwaschen, schälen und ebenfalls in kleine Würfel schneiden. Kürbis- und Kartoffelwürfel in getrennten Töpfen in Salzwasser aufsetzen und den Kürbis 15 Minuten, die Kartoffeln 20 Minuten kochen. Anschließend abgießen und abkühlen lassen.

Zubereitung

In der Zwischenzeit die Frühlingszwiebeln und den Staudensellerie putzen, in dünne Scheiben schneiden und beide Zutaten in eine Salatschüssel geben. Mayonnaise, saure Sahne und Senf zugeben, mit Salz und Pfeffer abschmecken und alles gut miteinander vermischen. Kartoffel- und Kürbiswürfel zugeben und vorsichtig unter die Soße heben.

Servieren

Den Kürbis-Kartoffelsalat mit der Petersilie garnieren und sofort zu Tisch bringen. Dazu schmecken ein Glas frischer Weißwein und eine knusprige Scheibe Baguette.

Merkzettel

Man kann Mayonnaise auch selbst herstellen, indem man Eigelb, Pflanzenöl, Salz, 1 Prise Zucker, Essig und Zitronensaft so lange vorsichtig miteinander verrührt, bis eine stabile Soße entstanden ist.

Gebratene Kürbisscheiben

Für 4 Personen
Zubereitungszeit: 15 Minuten
Bratzeit: 10 Minuten

Einkaufsliste/Zutaten

1 kg Kürbis
1 Tl Butterschmalz
Salz
Schwarzer Pfeffer aus der Mühle
1 Bund Petersilie
1 Knoblauchzehe

Garnierung

2 El Crème fraîche

Vorküche

Den Kürbis schälen, Fasern und Kerne entfernen und das Kürbisfleisch in etwa 1 cm dicke Scheiben schneiden.

Zubereitung

Das Butterschmalz in einer ausreichend großen Pfanne erhitzen und die Kürbisscheiben darin auf jeder Seite etwa 5 Minuten goldbraun braten und mit Salz und Pfeffer würzen. Die Petersilie unter fließendem Wasser abwaschen, abtrocknen und fein hacken. Die Knoblauchzehe schälen und möglichst klein schneiden. Petersilie und Knoblauch zu den Kürbisscheiben geben und kurz mitbraten.

Servieren

Die Kürbisscheiben auf vorgewärmten Tellern anrichten, mit einem Klecks Crème fraîche garnieren und sofort servieren. Das Gericht eignet sich als Vorspeise oder als Beilage zu gebratenem Fleisch.

Merkzettel

Crème fraîche ist ein Küchenrahm aus Sauermilch und verfeinert durch dezente Säure viele Gerichte.

Kürbis-Brotaufstrich

Für 4 Personen
Zubereitungszeit: 15 Minuten (ohne Wartezeit)
Kochzeit: 15 Minuten

Einkaufsliste/Zutaten

300 g Kürbis
Salz
250 g Magerquark
2 El saure Sahne
1 Schalotte
1 Knoblauchzehe
1 Gewürzgurke
Weißer Pfeffer aus der Mühle

Garnierung

1 El gehackte Petersilie

Vorküche

Den Kürbis schälen, Kerne und Fasern entfernen und in möglichst kleine Würfel schneiden. In einen Topf geben und in Salzwasser 15 Minuten weich dünsten, abgießen und durch ein Sieb passieren.

Zubereitung

Das Kürbismus in eine Schüssel geben, Quark und saure Sahne zufügen und alle Zutaten gut miteinander mischen. Die Schalotte und die Knoblauchzehe schälen und klein schneiden, die Gewürzgurke in kleine Würfel schneiden und alles zu dem Kürbismus geben. Mit Salz und Pfeffer würzen und alles gut vermischen. Den Brotaufstrich in den Kühlschrank stellen und 1 Stunde durchziehen lassen.

Servieren

Den Brotaufstrich mit der gehackten Petersilie bestreuen und mit einem herzhaften Schwarzbrot zu Tisch bringen.

Merkzettel

Zu diesem leckeren und deftigen Brotaufstrich schmeckt ein frisches Glas Bier hervorragend.

Kürbis-Avocado-Salat

Für 4 Personen
Zubereitungszeit: 20 Minuten

Einkaufsliste/Zutaten

2 reife Avocados
2 El Zitronensaft
200 g Kürbisfleisch
1 El Sonnenblumenkerne

Für die Soße

100 g Crème fraîche
2 El Balsamicoessig
4 El Olivenöl
1 El Sojasoße
Salz
Weißer Pfeffer aus der Mühle

Garnierung

1 Päckchen Gartenkresse

Vorküche

Die Avocados halbieren, den Stein entfernen, mit einem Kugelausstecher kleine Kugeln auslösen und alles sofort mit Zitronensaft beträufeln, damit sich das Fruchtfleisch nicht verfärbt.

Zubereitung

Den Kürbis schälen, Kerne und Fasern entfernen und das Fruchtfleisch in kleine Würfel schneiden. Zusammen mit den Avocados in eine Schüssel geben und die Sonnenblumenkerne einstreuen. Aus Crème fraîche, Balsamicoessig, Olivenöl, Sojasoße, Salz und Pfeffer eine Salatsoße anrühren und über den Salat geben. Alle Zutaten sorgfältig miteinander mischen.

Servieren

Die Kresse unter fließendem Wasser kurz abwaschen, abtropfen lassen, mit einer Schere vom Boden abschneiden und über den Salat streuen. Als Beilage schmeckt eine Scheibe knuspriges Baguette.

Merkzettel

Kresse ist ein besonders schnell wachsendes Pfefferkraut und reich an Vitamin C.

Kürbis als Hauptgericht

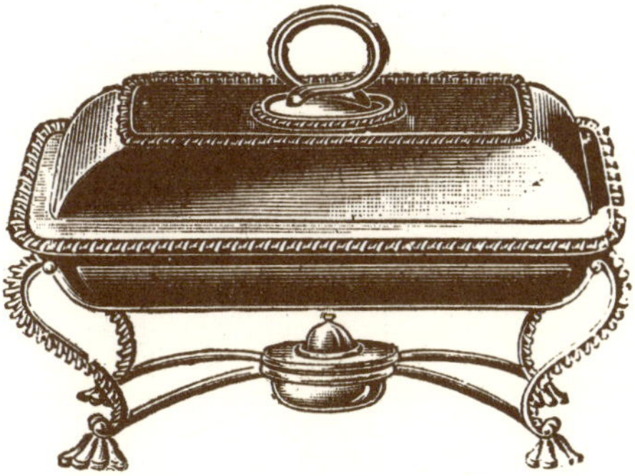

Kürbisauflauf

Für 4 Personen
Zubereitungszeit: 20 Minuten
Koch- & Backzeit: 80 Minuten

Einkaufsliste/Zutaten

1 kg Kürbis
Salz
Essig
1 altbackenes Brötchen
250 ml Milch
2 Knoblauchzehen
500 g Rindergehacktes
3 Eier
Weißer Pfeffer aus der Mühle
1 Rolle Blätterteig (etwa 270 g; TK)
100 g geriebener Emmentaler

Garnierung

2 Tl gehackte Petersilie

Vorküche

Den Kürbis schälen, Kerne und Fasern entfernen und in etwa 1 cm dicke Scheiben schneiden. Salzwasser mit einem Spritzer Essig zum Kochen bringen und die Kürbisscheiben darin etwa 20 Minuten garen. Nach Ende der Garzeit das Wasser abgießen, die Kürbisscheiben abschrecken, in ein Sieb geben und abtropfen lassen.

Zubereitung

Das Brötchen in Scheiben schneiden und in der Milch einweichen. Die Knoblauchzehen schälen und klein hacken. Das Hackfleisch in eine Schüssel geben, die Brötchenscheiben ausdrücken und mit dem Knoblauch zum Hackfleisch geben. 2 Eier aufschlagen, zu dem Hackfleisch geben, kräftig salzen und pfeffern und alle Zutaten sorgfältig miteinander mischen. Eine Auflaufform auf den ausgerollten Blätterteig legen und den Teig mit einem scharfen Messer rundum ausschneiden. Den so erhaltenen Boden in die Auflaufform legen und den restlichen Teig in Streifen schneiden. Die Hackfleischmasse abwechselnd mit den Kürbisscheiben in die Form schichten und jede Lage mit Käse bestreuen. Die oberste Lage mit einem Gitter aus Teigstreifen belegen und mit dem restlichen Ei bestreichen. Den Auflauf in den auf 190 °C vorgeheizten Backofen auf die mittlere Schiene stellen und etwa 1 Stunde backen. Sollte der Auflauf zu viel Farbe nehmen, die Oberfläche mit Alufolie abdecken.

Servieren

Nach Ende der Garzeit den Auflauf aus dem Backofen nehmen, mit der Petersilie bestreuen und sofort zu Tisch bringen. Als Beilage schmeckt ein frischer Blattsalat.

Merkzettel

Bereits geschälte Knoblauchzehen kann man in ein verschließbares Glas geben und mit Olivenöl übergießen. Auf diese Weise sind sie lange haltbar, und das Öl entwickelt ein wunderbares Aroma.

Kürbisauflauf mit Kartoffeln

Für 4 Personen
Zubereitungszeit: 45 Minuten
Backzeit: 40 Minuten

Einkaufsliste/Zutaten

300 g Kürbis
150 g Äpfel
1 El Zitronensaft
150 g gekochte Kartoffeln
75 g Rosinen
1 Tl Butter
2 El Zucker
1 Prise Salz
½ Tl Zimt
2 Eier
100 g Paniermehl
1 Tl Backpulver
Butter zum Ausfetten

Garnierung

1 El Puderzucker

Vorküche

Den Kürbis schälen, Kerne und Fasern entfernen und mit einer Küchenreibe fein raspeln. Die Äpfel schälen, Kerngehäuse entfernen, ebenfalls raspeln, mit Zitronensaft beträufeln und beiseite stellen. Die abgekochten Kartoffeln durch eine Kartoffelpresse drücken. Die Rosinen unter fließendem Wasser gründlich abspülen und abtropfen lassen.

Zubereitung

Die Butter, Zucker, Salz und Zimt schaumig rühren, nach und nach die Eier, den geraspelten Kürbis und die geraspelten Äpfel, die durchgedrückten Kartoffeln, das Paniermehl und Backpulver sowie die Rosinen zugeben und alle Zutaten gut miteinander vermischen. Eine Auflaufform ausbuttern und den Teig gleichmäßig darin verteilen. Die Form in den auf 180 °C vorgeheizten Backofen stellen und auf der mittleren Schiene etwa 40 Minuten backen.

Servieren

Nach Ende der Garzeit den Auflauf aus dem Backofen nehmen, mit dem Puderzucker bestreuen und sofort zu Tisch bringen. Als Beilage schmeckt eine Portion Apfelkompott.

Merkzettel

Rosinen werden der besseren Haltbarkeit wegen oft geschwefelt und sollten darum vor der Verarbeitung unbedingt gewaschen werden.

Indischer Kürbistopf

Für 4 Personen
Zubereitungszeit: 30 Minuten
Koch- & Bratzeit: 1 Stunde

Einkaufsliste/Zutaten

750 g Kürbis
3 El Olivenöl
750 g Rindergulasch
3 Schalotten
3 Knoblauchzehen
Ingwerpulver
Schwarzer Pfeffer aus der Mühle
Kardamom
Salz
Zimt
20 g Mandeln
20 g Pistazien
15 g Rosinen

Garnierung

2 El Schnittlauchröllchen

Vorküche

Den Kürbis schälen und in Würfel schneiden. Das Öl in einem Bräter erhitzen und das Fleisch darin kräftig anbraten. Die Schalotten und die Knoblauchzehen schälen, klein schneiden, zu dem Fleisch geben und kurz andünsten.

Zubereitung

Das Fleisch mit Ingwer, Pfeffer, Kardamom, Salz und Zimt kräftig würzen und mit geschlossenem Deckel etwa 45 Minuten schmoren, bei Bedarf etwas Wasser angießen. Die Mandeln grob hacken und mit den Pistazien und den gewaschenen Rosinen zu dem Fleisch geben. Die Kürbiswürfel zu dem Fleisch geben, alles gut durchrühren und weitere 15 Minuten schmoren lassen.

Servieren

Den Kürbistopf in eine vorgewärmte Schüssel geben, mit Schnittlauchröllchen garnieren und sofort servieren. Als Beilage schmeckt eine Portion Basmatireis.

Merkzettel

Knoblauch lagert man am besten in einem Tongefäß an einem kühlen und dunklen Ort.

Kürbis-Zucchini-Gratin

Für 4 Personen
Zubereitungszeit: 40 Minuten
Koch- & Backzeit: 25 Minuten

Einkaufsliste/Zutaten

500 g Kürbis
250 ml Apfelsaft
4 Scheibchen frischer Ingwer
1 Gewürznelke
Salz
2 Zucchini (etwa 300 g)
20 g Butter
Zitronenpfeffer
60 g Sonnenblumenkerne
15 g Butter
200 g Crème fraîche
4 Eigelb
Weißer Pfeffer aus der Mühle

Garnierung

2 El Schnittlauchröllchen

Vorküche

Den Kürbis schälen und das Fleisch in etwa 1 cm große Würfel schneiden. Den Apfelsaft in einen Topf gießen, 2 Ingwerscheiben, die Nelke und 1 Prise Salz zugeben und die Kürbiswürfel darin 5–10 Minuten garen, bis sie bissfest sind. Die Kürbiswürfel in ein Sieb geben und abtropfen lassen. In der Zwischenzeit die Zucchini waschen, in vier gleich große Stücke schneiden und längs achteln. Die Butter und 5 El Wasser in einem Topf erhitzen, die Zucchini zugeben, mit Zitronenpfeffer und Salz würzen und alles 5 Minuten leise köcheln lassen. In der Zwischenzeit die Sonnenblumenkerne in einer Pfanne ohne Fett kurz anrösten.

Zubereitung

Vier Portionsgratinformen (15 cm Ø) ausbuttern. Die Crème fraîche mit den Eigelben, Pfeffer und einer Prise Salz verrühren und die restlichen Ingwerscheibchen zerdrückt dazugeben. Die Gratinformen auf der einen Hälfte mit den Kürbisstücken, auf der anderen mit den Zucchinispalten befüllen, die Sonnenblumenkerne darüber verteilen und mit der Crème fraîche begießen. Die Gratinförmchen auf die mittlere Schiene in den auf 180 °C vorgeheizten Backofen stellen und etwa 10 Minuten gratinieren.

Servieren

Nach Ende der Garzeit die Förmchen aus dem Backofen nehmen, mit dem Schnittlauch garnieren und sofort zu Tisch bringen. Dazu schmecken ein frischer Weißwein und eine Scheibe knuspriges Baguette.

Merkzettel

Die Inhaltsstoffe von Ingwer regen die Verdauung an und wirken kreislauffördernd. Frischer Ingwer sollte nicht zu lange gelagert werden, weil er schnell seine ätherischen Öle verliert.

Kürbis-Reis-Auflauf

Für 4 Personen
Zubereitungszeit: 25 Minuten
Koch- & Backzeit: 1 Stunde

Einkaufsliste/Zutaten

4 Schalotten
3 cm frischer Ingwer
1 kg Kürbis (Hokkaido)
1 Stange Porree
2 El Öl
2 El Butter
400 g Rundkornreis
250 ml Fleischbrühe
Salz
Weißer Pfeffer aus der Mühle
100 g geriebener Emmentaler

Garnierung

1 El geröstete Kürbiskerne

Vorküche

Die Schalotten und den Ingwer schälen und fein hacken. Den Kürbis waschen, die Kerne und die Fasern entfernen und in Würfel schneiden. Den Porree putzen und in dünne Ringe schneiden.

Zubereitung

Das Öl und die Butter in einem Topf erhitzen, zuerst die Schalotten andünsten, dann den Porree und den Kürbis zugeben und unter ständigem Rühren etwa 5 Minuten weiterdünsten. Den Reis zugeben und glasig anschwitzen. Mit der Fleischbrühe ablöschen und mit Salz und Pfeffer würzen. Alle Zutaten sorgfältig miteinander mischen und bei geringer Hitze 30 Minuten garen lassen. Eine Auflaufform ausfetten, den Kürbisreis hineingeben und alles mit dem Käse bestreuen. Die Auflaufform in den auf 200 °C vorgeheizten Backofen stellen und 30 Minuten backen.

Servieren

Nach Ende der Backzeit den Auflauf aus dem Backofen nehmen, mit den Kürbiskernen garnieren und noch heiß zu Tisch bringen.

Merkzettel

Porree kann man besser waschen, wenn man ihn der Länge nach auf-, aber nicht durchschneidet. Eventuell vorhandener Sand kann so gut ausgewaschen werden.

Kürbisreis

Für 4 Personen
Zubereitungszeit: 30 Minuten
Kochzeit: 2 Stunden

Einkaufsliste/Zutaten

300 g Klebreis
2 Kürbisse à 1 kg
3 Schalotten
3 El Sesamöl
3 Eier
240 ml Kokosmilch (Konserve)
Salz
Küchengarn

Garnierung

2 El geröstete Kürbiskerne

Vorküche

Den Reis in ein Sieb geben, unter fließendem Wasser gründlich waschen und abtropfen lassen. Anschließend in ein Dämpfkörbchen geben, auf einen Wok stellen und mit dem Deckel verschließen. Den Wok zu einem Drittel mit Wasser füllen, zum Kochen bringen und den Reis 15 Minuten dämpfen.

Zubereitung

Die Kürbisse unter fließendem Wasser gründlich abwaschen, abtrocknen und mit einem scharfen Messer einen Deckel abschneiden. Die Kerne und die Fasern entfernen und das Fruchtfleisch bis auf einen etwa 2 cm starken Rand auslösen und in Würfel schneiden. Die Schalotten schälen und in sehr dünne Ringe schneiden. Das Sesamöl in einem Wok erhitzen, die Schalottenringe zugeben und darin anbraten, die Kürbiswürfel zugeben und unter ständigem Rühren etwa 2 Minuten braten. Die Eier in einer Schüssel aufschlagen, die Kokosmilch zugeben, mit 1 Prise Salz würzen und alle Zutaten verquirlen. Die Schalottenringe mit dem Kürbisfleisch und dem Reis zugeben und alles gut miteinander vermischen. Die Masse in die ausgehöhlten Kürbisse verteilen, die Deckel aufsetzen und mit Küchengarn fest umwickeln und verschnüren. Den Wok erneut zu einem Drittel mit Wasser füllen, die Kürbisse in einen Dämpfkorb stellen, mit dem Deckel verschließen und in den Wok stellen. Das Wasser aufkochen lassen, die Hitze reduzieren und die Kürbisse etwa 1 ½ Stunden dämpfen. Gegebenenfalls noch weiteres Wasser zugeben.

Servieren

Nach Ende der Garzeit die Kürbisse aus dem Dampfkorb nehmen, das Küchengarn und die Deckel entfernen. Den Reis mit den gerösteten Kürbiskernen garnieren und die gefüllten Kürbisse noch heiß zu Tisch bringen.

Merkzettel

Küchenutensilien wie Wok und Dampfkorb erhalten Sie in jedem Asia-Laden.

Kürbisquiche

Für 8 Personen
Zubereitungszeit: 1 Stunde (ohne Wartezeit)
Backzeit: 30 Minuten

Einkaufsliste/Zutaten

500 g Kürbis
450 g Mehl
250 g Butter
Salz
1 Bund Frühlingszwiebeln
1 Bund krause Petersilie
100 g geräucherter Schinkenspeck
350 g Gorgonzola
250 ml Sahne
2 Eier
Weißer Pfeffer aus der Mühle
Cayennepfeffer

Garnierung

2 El Schnittlauchröllchen

Vorküche

Den Kürbis schälen, Kerne und Fasern entfernen und auf einer Küchenreibe mittelfein raspeln. Für den Teig das Mehl in eine Schüssel sieben, die Butter in kleinen Stücken, 2 Tl Salz und 100 ml Wasser zugeben und alles zu einem glatten Teig verkneten. Den Teig zu einer Kugel formen, in Klarsichthülle wickeln und etwa 1 Stunde im Kühlschrank ruhen lassen. In der Zwischenzeit die Frühlingszwiebeln putzen, waschen und mit dem Grün in feine Ringe schneiden. Die Petersilie unter fließendem Wasser abwaschen, trockentupfen und fein hacken. Den Schinkenspeck vom Fettrand befreien und in kleine Würfel schneiden. Den Gorgonzola in eine Schüssel geben und mit einer Gabel leicht zerdrücken, die Sahne und die Eier zugeben, mit Pfeffer würzen und die Zutaten gut miteinander mischen.

Zubereitung

Die Kürbisstücke in eine Schüssel geben, Frühlingszwiebeln, Petersilie, Schinken und die Käsecreme zugeben, mit Salz, Pfeffer und Cayennepfeffer würzen und alle Zutaten gut miteinander mischen. Den Teig aus dem Kühlschrank nehmen, nochmals gut durchkneten und auf einem Backblech ausrollen. Die Teigränder rundherum etwas hochziehen und die Kürbismasse darauf gleichmäßig verteilen. Die Quiche in den auf 180 °C vorgeheizten Backofen stellen und etwa 30 Minuten backen.

Servieren

Nach Ende der Backzeit die Quiche aus dem Ofen nehmen, abkühlen lassen, in Portionsstücke schneiden und mit dem Schnittlauch garnieren.

Merkzettel

Gorgonzola ist ein italienischer Schimmelkäse. Er wird aus Kuhmilch hergestellt und verfügt über eine pikante Schärfe.

Kürbisrisotto

Für 4 Personen
Zubereitungszeit: 25 Minuten
Kochzeit: 25 Minuten

Einkaufsliste/Zutaten

3 Schalotten
500 ml Fleischbrühe
2 El Butter
300 g Arborioreis
250 ml Weißwein
300 g Kürbis
2 El Olivenöl
1 El gehackte Kürbiskerne
Salz
Weißer Pfeffer aus der Mühle

Garnierung

50 g geriebener Pecorino

Vorküche

Die Schalotten schälen und mit einem scharfen Messer möglichst klein schneiden. Die Fleischbrühe in einem Topf erhitzen. 1 El Butter in einem separaten Topf erhitzen, die gehackten Schalotten zugeben und anschwitzen. Den Reis zugeben und unter ständigem Rühren glasig andünsten. Mit dem Weißwein ablöschen und etwas einkochen lassen.

Zubereitung

Nach und nach die heiße Fleischbrühe zugeben und dabei immer warten, bis der Reis die Flüssigkeit fast vollständig aufgenommen hat. In der Zwischenzeit den Kürbis schälen und in Würfel schneiden. Das Olivenöl in einer Pfanne erhitzen und die Kürbiskerne darin kurz anrösten. Kurz vor dem Garwerden des Reises die Kürbiskerne, das Kürbisfleisch und die restliche Butter zugeben, alle Zutaten gut miteinander vermischen, 5 Minuten dünsten und mit Salz und Pfeffer abschmecken.

Servieren

Das Risotto auf vorgewärmten Tellern anrichten, mit dem Pecorino bestreuen und sofort servieren.

Merkzettel

Pecorino ist ein italienischer Hartkäse, der wie Parmesan meist gerieben verarbeitet wird.

Kürbis afrikanische Art

Für 4 Personen
Zubereitungszeit: 1 Stunde (ohne Wartezeit)
Koch- & Backzeit: 1 ½ Stunden

Einkaufsliste/Zutaten

1 Kürbis (etwa 4 kg)
Salz
1 Bund Petersilie
1 Knoblauchzehe
2 El Paprikapulver
Kardamom
Zimt
Abgeriebene Schale einer unbehandelten Zitrone
2 El Zitronensaft
500 g Rindergehacktes
200 g Langkornreis
1 Stange Porree
2 Zwiebeln
2 El Olivenöl
Weißer Pfeffer aus der Mühle
50 g Rosinen
30 g gehackte Mandeln
1 getrocknete Chilischote
500 ml Fleischbrühe
20 g Butter

Garnierung

1 Tasse Porreeringe
1 El gehackte Mandeln

Vorküche

Den Kürbis unter fließendem Wasser gründlich abwaschen und mit einem scharfen Messer einen Deckel abschneiden. Die Kerne und Fasern entfernen und das Fruchtfleisch bis auf einen dünnen Rand herausschälen. Das ausgelöste Kürbisfleisch klein schneiden. Die Höhlung kräftig salzen und den Kürbis umgedreht abtropfen lassen.

Zubereitung

Die Petersilie unter fließendem Wasser gründlich abspülen, trockentupfen und fein hacken. Die Knoblauchzehe schälen und klein schneiden. Gehackte Petersilie und Knoblauch in eine Schüssel geben, Paprikapulver, 1 Prise Kardamom und Zimt, die abgeriebene Zitronenschale, den Zitronensaft und das Rindergehackte zugeben, kräftig salzen und alle Zutaten gut miteinander mischen. Die Schüssel mit einem sauberen Küchentuch abdecken und die Masse im Kühlschrank 1 Stunde ziehen lassen. In der Zwischenzeit den Reis in kochendem Salzwasser 10 Minuten vorgaren, in ein Sieb geben und abtropfen lassen. Den Porree putzen und in feine Ringe schneiden. Von den grünen Teilen etwa 1 Tasse voll beiseite stellen. Die Zwiebeln schälen und fein würfeln. Das Olivenöl in einem Topf erhitzen, die Zwiebelwürfel zugeben und glasig anschwitzen. Kürbisfleisch und Porree zugeben und anbraten. Das gewürzte Rindergehackte zugeben, krümelig anbraten und mit Salz und Pfeffer abschmecken. Den Reis, die abgespülten und abgetropften Rosinen, gehackten Mandeln und die zerdrückte Chilischote zugeben und alle Zutaten gut miteinander mischen. Den ausgehöhlten Kürbis sorgfältig trockentupfen und in eine feuerfeste Form stellen. Die Reis-Hackfleisch-Mischung einfüllen, die Fleischbrühe angießen und mit Butterflöckchen besetzen. In die Form etwa 1 cm Wasser gießen und im auf 200 °C vorgeheizten Backofen etwa 1 Stunde garen.

Servieren

Den restlichen Porree mit den gehackten Mandeln in einer Pfanne in Butter anrösten und kurz vor dem Servieren über den Kürbis streuen.

Merkzettel

Abgeriebene Zitronenschale kann man auf einem Backblech trocknen lassen. In verschließbare Gläser gefüllt, lässt sie sich im Kühlschrank für längere Zeit aufbewahren.

Kürbis-Gnocchi

Für 4 Personen
Zubereitungszeit: 20 Minuten (ohne Wartezeit)
Koch- & Backzeit: 50 Minuten

Einkaufsliste/Zutaten

1 Kürbis (etwa 900 g)
250 g mehlig kochende Kartoffeln
Salz
100 g Hartweizengrieß
200 g Mehl

Garnierung

100 g Butter
4 El Paniermehl

Vorküche

Den Kürbis waschen, halbieren, Kerne und Fasern entfernen. Die beiden Kürbishälften mit der Schnittfläche nach oben auf ein Backblech legen und etwa 1 cm hoch Wasser in das Blech gießen. Den Kürbis im Backofen bei 220 °C etwa 40 Minuten backen, bis er weich ist. In der Zwischenzeit die Kartoffeln unter fließendem Wasser gründlich abwaschen und in der Schale in Salzwasser 20–25 Minuten gar kochen, danach pellen.

Zubereitung

Das Kürbisfleisch von der Schale lösen und mit den Kartoffeln durch eine Kartoffelpresse in eine Schüssel drücken. Die Masse salzen, Grieß und Mehl zugeben und alle Zutaten gut miteinander verkneten. Mit zwei Teelöffeln aus dem Teig Gnocchi formen und auf einer bemehlten Arbeitsfläche etwa 1 Stunde ruhen lassen. Einen großen Topf mit reichlich Salzwasser zum Sieden bringen und die Gnocchi darin etwa 5 Minuten gar ziehen lassen. Wenn sie an die Oberfläche steigen, sind sie fertig und können mit einem Schaumlöffel abgeschöpft werden.

Servieren

Die Butter in einer Pfanne erhitzen und das Paniermehl darin anbräunen. Die Gnocchi auf vorgewärmten Tellern verteilen, die Butter darüber geben und sofort servieren.

Merkzettel

Man kann auch einen größeren Vorrat an Gnocchi herstellen. Kurz blanchiert, lassen sie sich gut einfrieren.

Kürbispfanne

Für 4 Personen
Zubereitungszeit: 20 Minuten (ohne Wartezeit)
Brat- & Backzeit: 25 Minuten

Einkaufsliste/Zutaten

500 g Kürbisfleisch
4 El Olivenöl
2 Knoblauchzehen
10 schwarze Oliven
1 Peperone
1 El Butterschmalz
8 Eier
50 g geriebener Emmentaler
Salz
Schwarzer Pfeffer aus der Mühle
2 El Kürbiskerne
100 g Butterkäse

Garnierung

2 El gehackte Petersilie

Vorküche

Den Kürbis schälen und in feine, dünne Streifen schneiden, in eine Schüssel geben, 2 El Öl darüber geben und 1 Stunde im Kühlschrank marinieren lassen. Die Knoblauchzehen schälen, die Oliven entsteinen, den Peperone putzen und alles klein schneiden.

Zubereitung

Das Butterschmalz in einer großen, feuerfesten Pfanne erhitzen, Knoblauch, Oliven, Peperone und Kürbis hineingeben und 10 Minuten darin glasig dünsten. Die Eier in eine Schüssel aufschlagen, geriebenen Käse zugeben, mit Salz und Pfeffer würzen und gut miteinander verquirlen. Die Mischung über den Kürbis geben und stocken lassen. Die Kürbiskerne darüber streuen, den Butterkäse in Streifen schneiden und netzartig über das Gericht verteilen. Die Pfanne in den auf 250 °C vorgeheizten Backofen stellen und etwa 10 Minuten überbacken, bis der Käse zerlaufen ist.

Servieren

Nach Ende der Backzeit die Kürbispfanne aus dem Backofen nehmen, mit der gehackten Petersilie bestreuen und sofort servieren.

Merkzettel

Kürbiskerne enthalten viel Kalium und sind reich an Vitamin E. Die Kerne sind ähnlich gesund und kalorienreich wie Nüsse.

Herzhafter Kürbiskuchen mit Safran

Für 4–6 Personen
Zubereitungszeit: 20 Minuten
Koch- & Backzeit: 1 ¼ Stunden

Einkaufsliste/Zutaten

500 g Kürbis
600 ml Vollmilch
1 Msp. Zucker
1 Msp. Zimt
1 Msp. Ingwer
5 Safranfäden
4 Eier
50 g Butter
500 g Blätterteig

Garnierung

1 El Rosenwasser

Vorküche

Den Kürbis gründlich schälen und Fasern und Kerne entfernen. Das Kürbisfleisch mit einer Küchenraspel in einen Topf reiben. 500 ml Milch angießen und bei geringer Hitze 15 Minuten köcheln lassen.

Zubereitung

Nach Ende der Garzeit die Milch abgießen und das Kürbisfleisch gut ausdrücken. Mit Zucker, einer Prise Ingwer, Zimt und Safran kräftig abschmecken. Die Butter und die restliche Milch sowie die Eier zugeben und alle Zutaten gut miteinander mischen. Den Blätterteig dünn ausrollen und mit zwei Tortenböden große Kreise formen. Ein Backblech ausbuttern, einen Blätterteigkreis darauf legen, das Kürbisfleisch darauf gleichmäßig verteilen und mit der zweiten Teigplatte abdecken. Den Kuchen in den auf 180 °C vorgeheizten Backofen geben und etwa 1 Stunde backen.

Servieren

Nach Ende der Garzeit den Kuchen aus dem Backofen nehmen, mit Rosenwasser parfümieren und sofort zu Tisch bringen. Als Beilage schmecken frisches Weißbrot und ein Glas fruchtiger Weißwein.

Merkzettel

Rosenwasser erhalten Sie in der Apotheke.

Süße Kürbisbackwaren

Kürbiskuchen vom Blech

Für 6 Personen
Zubereitungszeit: 35 Minuten
Backzeit: 40 Minuten

Einkaufsliste/Zutaten

Für den Teig
500 g Mehl
250 g Zucker
250 g Butter
1 Päckchen Vanillezucker
1 Päckchen Backpulver
3 Eier

Für den Belag
500 g Kürbis
Zimt
Zucker

Garnierung
2 El Hagelzucker

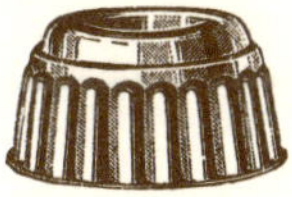

Vorküche

Für den Teig Mehl, Zucker, Butter, Vanillezucker und Backpulver in eine Schüssel geben. Die Eier aufschlagen, hineingeben und alles zu einem Teig verkneten. ⅔ des Teiges ausrollen und auf ein Backblech legen.

Zubereitung

Den Kürbis schälen, mit einer Küchenreibe in eine Schüssel raspeln und mit Zimt und Zucker abschmecken. Die Kürbismasse in ein sauberes Küchentuch geben, vorsichtig ausdrücken und gleichmäßig über den Teig verteilen. Den Rest des Teiges ausrollen und den Kuchen damit abdecken. Das Backblech in den auf 175 °C vorgeheizten Backofen stellen und etwa 40 Minuten backen.

Servieren

Nach Ende der Backzeit den Kuchen aus dem Backofen nehmen, mit dem Hagelzucker bestreuen und in Portionsstücke schneiden.

Merkzettel

Eier halten sich länger frisch, wenn man sie in ein Gefäß legt und ganz mit Wasser bedeckt.

Kürbiskernkonfekt

Für etwa 25 Stück
Zubereitungszeit: 20 Minuten

Einkaufsliste/Zutaten

300 g Kürbiskerne
200 g Honigmarzipan (Reformhaus)

Vorküche

Die Hälfte der Kürbiskerne in einer Pfanne unter ständigem Rühren etwa 3 Minuten rösten, abkühlen lassen und fein hacken.

Zubereitung

Die restlichen Kürbiskerne mit dem Honigmarzipan sorgfältig verkneten und zu einer etwa 2 cm dicken Rolle formen. Die Rolle in 25 Stücke teilen, diese zu Kugeln formen und in den gerösteten, gehackten Kürbiskernen wälzen.

Servieren

Die einzelnen Kugeln in Konfektkapseln setzen oder in einer Blechdose aufbewahren und servieren.

Merkzettel

Aus Kürbiskernen wird ein hochwertiges Öl gewonnen, das reichlich Kalium, Zink, Selen, Mangan und Vitamin E enthält.

Kürbisgugelhupf

Für 4 Personen
Zubereitungszeit: 35 Minuten
Backzeit: 1 Stunde

Einkaufsliste/Zutaten

300 g Kürbis
140 g Butter
120 g Puderzucker
1 Päckchen Vanillezucker
6 Eier
100 g Quark
200 g geriebene Mandeln
140 g Vollkornmehl
1 Päckchen Backpulver
120 g Kristallzucker
1 Tl Butter zum Ausfetten
1 El Paniermehl

Garnierung

2 El Puderzucker

Vorküche

Den Kürbis schälen, Kerne und Fasern entfernen und auf einer Küchenreibe in eine Schüssel raspeln. Butter, Puderzucker und Vanillezucker in einer Schüssel schaumig rühren und nach und nach die Eigelbe einrühren, die Eiweiße beiseite stellen. Das Kürbisfleisch und den Quark unterarbeiten.

Zubereitung

Die geriebenen Mandeln, das Mehl und das Backpulver unterarbeiten. Die Eiweiße mit dem Kristallzucker aufschlagen und ebenfalls vorsichtig unter die Masse heben. Eine Gugelhupfform einfetten, mit dem Paniermehl ausstreuen, die Masse in die Form füllen und in den auf 160 °C vorgeheizten Backofen stellen und etwa 1 Stunde backen.

Servieren

Nach Ende der Backzeit den Gugelhupf aus dem Backofen nehmen, auf ein Kuchengitter stellen, auskühlen lassen und vorsichtig stürzen. Mit dem Puderzucker garnieren und zu Tisch bringen.

Merkzettel

Vanillezucker kann man auch selbst herstellen, indem man eine Vanilleschote in ein Glas mit Zucker legt. Der Zucker nimmt dann das Vanillearoma an.

Süßer Kürbisauflauf

Für 4 Personen
Zubereitungszeit: 25 Minuten
Backzeit: 35 Minuten

Einkaufsliste/Zutaten

750 g Kürbis
5 Äpfel
1 Tl Butter
4 El Zucker
1 Päckchen Vanillezucker
3 El Rum
125 g Butter
125 g gehackte Mandeln
1 Tl Zimt

Garnierung

1 El Puderzucker

Vorküche

Den Kürbis schälen, Kerne und Fasern entfernen und das Kürbisfleisch in kleine Würfel schneiden. Die Äpfel schälen, das Kerngehäuse entfernen und ebenfalls würfeln.

Zubereitung

Eine ausreichend große Auflaufform ausbuttern und die Kürbis- und Apfelwürfel darin einschichten. Den Zucker und Vanillezucker darüber streuen, alles mit dem Rum beträufeln. Die Butter in Flöckchen darauf verteilen und die Form in den auf 200 °C vorgeheizten Backofen stellen und etwa 35 Minuten backen.

Servieren

Nach Ende der Backzeit die Form aus dem Backofen nehmen, die gehackten Mandeln mit dem Zimt mischen, über den Auflauf streuen. Als Garnierung den Puderzucker darüber streuen und heiß zu Tisch bringen.

Merkzettel

Zu diesem Gericht schmeckt ein Glas frischer Weißwein.

Kürbiskuchen mit Schokolade

Für 4 Personen
Zubereitungszeit: 20 Minuten (ohne Wartezeit)
Koch- & Backzeit: ca. 1 Stunde

Einkaufsliste/Zutaten

200 g Blätterteig (TK)
100 ml Milch
1 Vanilleschote
Salz
500 g gewürfeltes Kürbisfleisch
100 ml Sahne
2 Eigelb
3 Eier
50 g Zucker
Frisch geriebene Muskatnuss
100 g dunkle Schokolade

Garnierung

1 El Puderzucker

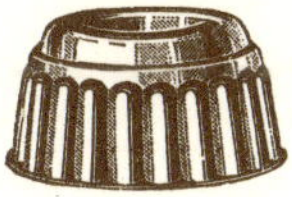

Vorküche

Den Blätterteig auf die Arbeitsplatte legen und 2 mm dünn ausrollen. Eine runde Kuchenform mit dem Teig auslegen, mit einer Gabel mehrmals einstechen und 30 Minuten in den Kühlschrank stellen.

Zubereitung

Die Milch in einen Topf gießen, das ausgekratzte Mark der Vanilleschote zugeben und mit 1 Prise Salz würzen. Die Kürbiswürfel zugeben und bei kleiner Hitze etwa 20 Minuten weich dünsten. Nach Ende der Garzeit die Kürbiswürfel pürieren und alles durch ein Sieb streichen. Sahne, Eigelbe, Eier und Zucker zugeben, mit 1 Prise Muskatnuss abschmecken, die geraspelte Schokolade zugeben und alle Zutaten gut miteinander mischen. Die Kürbismasse in die mit Teig ausgelegte Kuchenform geben und die Oberfläche glatt streichen. Den Backofen auf 180 °C vorheizen und den Kuchen darin etwa 45 Minuten backen.

Servieren

Nach Ende der Garzeit den Kuchen aus dem Ofen nehmen, auskühlen lassen, aus der Form nehmen und mit Puderzucker garniert zu Tisch bringen.

Merkzettel

Muskat sollte immer frisch gerieben werden, denn nur so erhält man das ganze Aroma.

Kürbiskuchen italienische Art

Für 4 Personen
Zubereitungszeit: 35 Minuten
Koch- & Backzeit: 1 ¾ Stunden

Einkaufsliste/Zutaten

10 Brötchen vom Vortag
1 l warme Milch
500 g Kürbis
Salz
2 Eier
250 g Zucker
Saft einer Orange
Abgeriebene Schale von zwei Orangen
150 g Rosinen
70 g gehackte Mandeln
2 cl Rum
Butter zum Einfetten
2 El Paniermehl
40 g Butter

Garnierung

Orangenfilets von einer Orange

Vorküche

Die Brötchen vom Vortag in eine Schüssel geben, die Milch angießen und die Brötchen einweichen. Den Kürbis schälen, die Kerne und die Fasern entfernen und das Kürbisfleisch in Würfel schneiden.

Zubereitung

Die Kürbiswürfel in einen Topf geben, Wasser mit 1 Prise Salz zugeben und 10 Minuten bei schwacher Hitze köcheln lassen. Nach Ende der Garzeit das Wasser abgießen und die Kürbisstücke ausdampfen lassen. Die Eier in eine Schüssel aufschlagen und mit dem Zucker schaumig schlagen. Den Orangensaft und die abgeriebene Orangenschale zugeben und alle Zutaten gut miteinander vermischen. Die eingeweichten Brötchen ausdrücken, durch ein Sieb passieren und in die Eimasse einrühren. Die Kürbisstücke mit einem Stabmixer pürieren, zu der Masse geben und alle Zutaten gut miteinander mischen. Die Rosinen in ein Sieb schütten, mit heißem Wasser gründlich abspülen, abtropfen lassen und in die Masse geben. Die gehackten Mandeln und den Rum zufügen. Eine feuerfeste Form ausbuttern und mit dem Paniermehl ausstreuen. Die Kürbismasse hineingeben und glatt streichen. Die Butter in Flöckchen auf der Oberfläche verteilen und die Form im auf 180 °C vorgeheizten Backofen auf der mittleren Schiene 1 ½ Stunden backen.

Servieren

Nach Ende der Garzeit den Kuchen aus dem Ofen nehmen und auskühlen lassen. Auf eine Kuchenplatte geben, in Portionsstücke schneiden und mit den Orangenfilets garnieren.

Merkzettel

Orangen geben mehr Saft, wenn man sie vor dem Schälen oder Aufschneiden mit der flachen Hand fest über die Arbeitsfläche rollt.

Kürbis auf Vorrat

Kürbismarmelade mit Aprikosen

Für 6–8 Gläser
Zubereitungszeit: 20 Minuten
Kochzeit: 25 Minuten

Einkaufsliste/Zutaten

750 g Kürbis
250 g getrocknete Aprikosen
Mark von 3 Vanilleschoten
500 ml Orangensaft
Abgeriebene Schale einer unbehandelten Orange
3 El Zitronensaft
500 g Gelierzucker

Vorküche

Den Kürbis schälen, Kerne und Fasern entfernen und das Fruchtfleisch in Würfel schneiden. Die Aprikosen unter fließendem Wasser kurz abspülen, abtropfen lassen und vierteln.

Zubereitung

Aprikosenstücke, Kürbiswürfel, Vanillemark und Orangensaft in einen Topf geben, alle Zutaten gut miteinander mischen und mit geschlossenem Deckel etwa 20 Minuten köcheln lassen. Nach Ende der Garzeit alles mit einem Mixstab pürieren, Orangenschale, Zitronensaft und Gelierzucker untermischen und alles unter Rühren zum Kochen bringen und genau 3 Minuten sprudelnd kochen lassen. Sofort von der Feuerstelle nehmen und in gut gereinigte, verschließbare Gläser füllen und die Gläser sofort verschließen.

Servieren

Die Marmelade kann nach Belieben verbraucht werden, da sie kühl gelagert etwa 3 Monate haltbar ist.

Merkzettel

Aprikosen stammen ursprünglich aus China und sind mit dem Pfirsich verwandt. In Österreich werden die Steinfrüchte als Marillen bezeichnet.

Kürbis süßsauer eingelegt

Für 6–8 Gläser
Zubereitungszeit: 20 Minuten
Kochzeit: 30 Minuten

Einkaufsliste/Zutaten

1 kg Kürbis
500 g Zucker
125 ml Weinessig
Abgeriebene Schale und Saft einer unbehandelten Zitrone
½ Zimtstange
2 Nelken
1 Stück Ingwer (etwa 1 cm)

Vorküche

Den Kürbis unter fließendem, kaltem Wasser gründlich abwaschen und abtropfen lassen. Anschließend schälen, vierteln, Kerne und Fasern entfernen und das Fruchtfleisch in etwa 2 cm große Würfel schneiden und in eine Schüssel geben.

Zubereitung

Zucker, Weinessig, 250 ml Wasser, Zitronenschale und Zitronensaft in einen Topf geben, kurz aufkochen lassen und die Kürbisstücke hineingeben. Zimtstange, Nelken und Ingwer in ein Leinensäckchen und anschließend in den Topf geben und alles 30 Minuten köcheln lassen. Nach Ende der Garzeit das Leinensäckchen entfernen, alles in eine Schüssel gießen und abkühlen lassen.

Servieren

Kürbis süßsauer eingelegt passt hervorragend als Beilage zu gekochtem Rindfleisch oder kann auch als Dessert gereicht werden.

Merkzettel

Wer mag, kann den Kürbis noch heiß in saubere, verschließbare Gläser füllen, die, sogleich verschlossen, für längere Zeit haltbar sind.

Kürbis-Aprikosen-Chutney

Für 6–8 Gläser
Zubereitungszeit: 20 Minuten
Kochzeit: 1 Stunde

Einkaufsliste/Zutaten

1 kg Kürbis
4 Schalotten
200 g getrocknete Aprikosen
1 Stück frischer Ingwer (etwa 3 cm)
250 g Rosinen
1 Tl Pfefferkörner
1 Zimtstange
2 Gewürznelken
250 g Rohrzucker
700 ml Weißweinessig
Salz

Vorküche

Den Kürbis schälen, putzen und in kleine Würfel schneiden. Die Schalotten schälen und fein hacken. Die getrockneten Aprikosen in kleine Stücke schneiden. Die Ingwerwurzel schälen und auf einem Küchenhobel fein reiben.

Zubereitung

Die vorbereiteten Zutaten in einen ausreichend großen Topf geben. Rosinen, Pfefferkörner, die Zimtstange, Gewürznelken und den Rohrzucker zugeben. Den Weißweinessig angießen, alles mit 1 Prise Salz würzen, aufkochen lassen und bei kleiner Hitze etwa 1 Stunde köcheln lassen, bis fast die gesamte Flüssigkeit verdunstet ist.

Servieren

Das heiße Chutney in vorgewärmte Marmeladengläser füllen, sofort schließen und auskühlen lassen.

Merkzettel

Das Chutney schmeckt hervorragend zu gegrilltem Fleisch. Angebrochene Gläser müssen im Kühlschrank aufbewahrt werden.

Kürbiskompott mit Feigen

Für 6–8 Gläser
Zubereitungszeit: 15 Minuten
Kochzeit: 10 Minuten

Einkaufsliste/Zutaten

600 g Kürbis (Hokkaido)
5 getrocknete Feigen
125 ml Birnendicksaft
2 El Zitronensaft
1 Zimtstange
100 g geschälte Mandeln

Vorküche

Den Kürbis putzen, Kerne und Fasern entfernen und mit einem Kugelausstecher kleine Kugeln ausstechen. Die getrockneten Feigen mit einem scharfen Messer in dünne, feine Streifen schneiden.

Zubereitung

Birnensaft, Zitronensaft und die Zimtstange in einen Topf geben, 200 ml Wasser angießen und alles kurz aufkochen lassen. Die Kürbiskügelchen und die in Streifen geschnittenen Feigen zugeben und alles bei schwacher Hitze etwa 10 Minuten köcheln lassen. Nach Ende der Garzeit die geschälten Mandeln zugeben und alles noch einmal kurz aufwallen lassen.

Servieren

Mit einem Schaumlöffel die festen Teile aus dem Sud nehmen und auf Marmeladengläser verteilen. Die Flüssigkeit erneut aufkochen lassen und so auf die Marmeladengläser verteilen, dass die Inhalte gut bedeckt sind. Anschließend die Gläser sofort verschließen. Das Kompott schmeckt sehr lecker zu einer Portion Vanilleeis.

Merkzettel

Zimt ist ein Rindengewürz: Je dünner die Schale ist, desto besser ist seine Qualität. Zwei der Hauptanbaugebiete sind Indien und Sri Lanka.

Kürbis-Heidelbeer-Kompott

Für 6–8 Gläser
Zubereitungszeit: 20 Minuten
Kochzeit: 10 Minuten

Einkaufsliste/Zutaten

300 g Kürbis
350 g Heidelbeeren
100 ml Apfelsaft
1 Zimtstange
1 El Ahornsirup
2 El Schlagsahne

Vorküche

Den Kürbis schälen, Fasern und Kerne entfernen und das Kürbisfleisch in kleine Würfel schneiden. Die Heidelbeeren in ein Sieb geben und unter fließendem Wasser gründlich abspülen, verlesen und abtropfen lassen.

Zubereitung

Das Kürbisfleisch in einen Topf geben, die Zimtstange zugeben und alles mit dem Apfelsaft kurz aufkochen lassen. Dann die Heidelbeeren zugeben und bei kleiner Hitze 10 Minuten köcheln lassen. Wenn der Kürbis weich ist und die Beeren zu platzen beginnen, das Kompott mit dem Ahornsirup süßen.

Servieren

Das Kompott in Dessertschüsseln verteilen, auskühlen lassen, mit einem Klecks Schlagsahne garnieren und zu Tisch bringen. Oder geben Sie es in saubere Marmeladengläser, verschließen Sie sie und stellen Sie sie in die Vorratskammer, um sie zu einem späteren Zeitpunkt zu verbrauchen.

Merkzettel

Ahornsirup stammt ursprünglich aus dem nordamerikanischen Kulturkreis, wo er gerne zu Pfannkuchen gegessen und als süßender Naturstoff wie Honig verwendet wird.

Register